CONOCE LOS CICLOS DE LA NATURALEZA

EL CICLO DEL AGUA

SANTANA HUNT

TRADUCIDO POR ALBERTO JIMÉNEZ

Gareth Stevens PUBLISHING

ENCONTEXTO

Please visit our website, www.garethstevens.com. For a free color catalog of all our high-quality books, call toll free 1-800-542-2595 or fax 1-877-542-2596.

Cataloging-in-Publication Data
Names: Hunt, Santana.
Title: El ciclo del agua / Santana Hunt.
Description: New York : Gareth Stevens Publishing, 2020. | Series: Conoce los ciclos de la naturaleza | Includes glossary and index.
Identifiers: ISBN 9781538243756 (pbk.) | ISBN 9781538243770 (library bound) | ISBN 9781538243763 (6 pack)
Subjects: LCSH: Hydrologic cycle—Juvenile literature. | Water—Juvenile literature.
Classification: LCC GB662.3 .H86 2020 | DDC 551.48—dc23

First Edition

Published in 2020 by
Gareth Stevens Publishing
111 East 14th Street, Suite 349
New York, NY 10003

Translator: Alberto Jiménez
Editor, Spanish: María Cristina Brusca
Designer: Sarah Liddell

Photo credits: Cover, p. 1 (main) tusharkoley/Shutterstock.com; cover, p. 1 (inset) peresanz/Shutterstock.com; arrow background used throughout Inka1/Shutterstock.com; p. 5 IgorShishkin/Shutterstock.com; p. 7 jokerpro/Shutterstock.com; p. 9 Maridav/Shutterstock.com; p. 11 MicroOne/Shutterstock.com; p. 13 vidalgo/Shutterstock.com; p. 15 detchana wangkheeree/Shutterstock.com; p. 17 Vadym Lavra/Shutterstock.com; p. 19 Justin Torres/Shutterstock.com; p. 21 NosorogUA/Shutterstock.com; p. 23 David Crockett Photo/Shutterstock.com; p. 25 mady70/Shutterstock.com; p. 27 Peter Hermes Furian/Shutterstock.com; p. 29 Lena May/Shutterstock.com; p. 30 3xy/Shutterstock.com.

Printed in the United States of America

CPSIA compliance information: Batch #CS19GS: For further information contact Gareth Stevens, New York, New York at 1-800-542-2595.

CONTENIDO

Las palabras del glosario se muestran en **negrita** la primera vez que aparecen en el texto.

EL AGUA SE MUEVE

¡Los **ciclos** de la Tierra son increíbles! Los científicos suelen dividirlos en pasos, en etapas, que los hacen más fáciles de entender. Uno de esos ciclos es el ciclo del agua, el cual muestra el movimiento del agua dentro y fuera de la Tierra, así como en la **atmósfera**.

SI QUIERES SABER MÁS

¡El agua se mueve siempre a través de su ciclo! Lo ha estado haciendo durante miles de millones de años.

¿CUÁNTA AGUA?

Hay cerca de 332.6 millones de millas cúbicas (1.38 billones de kilómetros cúbicos) de agua en la Tierra. El 97 % de esta cantidad es agua salada que se encuentra en los océanos. Gran parte del agua que forma parte del ciclo del agua proviene de estas masas de agua salada.

SI QUIERES SABER MÁS

¡Hay agua en la tierra bajo tus pies!
Se trata de la llamada *agua subterránea*.

El 3 % restante del agua de la Tierra es agua dulce. Más de dos tercios de esta agua dulce se encuentran en capas de hielo y **glaciares**. Una parte muy pequeña del agua dulce de la Tierra se halla en lagos, ríos y otras masas o cuerpos de agua.

SI QUIERES SABER MÁS

Gran parte del agua de la Tierra no puede utilizarse porque es salada, forma parte de la atmósfera o está en las profundidades del subsuelo.

UN PUNTO DE PARTIDA

El ciclo del agua no tiene un punto de partida real. ¡Todos los pasos o fases de este ciclo ocurren todo el tiempo! Uno de los pasos principales es la evaporación, es decir, el paso del agua de su forma líquida a la forma gaseosa, llamada *vapor de agua*.

SI QUIERES SABER MÁS

Alrededor del 90 % del agua evaporada en el ciclo proviene de las masas acuáticas de la Tierra.

ESTADOS DE LA MATERIA EN EL AGUA

La energía térmica impulsa la evaporación. El calor hace que las **moléculas** del agua se aceleren. Una vez que se mueven lo suficientemente rápido, se escapan de la superficie del agua en forma de vapor. El agua también se evapora de esta manera desde el suelo.

SI QUIERES SABER MÁS

El agua que se mueve a través de una planta y sale por sus **estomas** para evaporarse se llama transpiración. Cerca del 10 % de todo el vapor de agua proviene de la *transpiración*.

SE FORMAN LAS NUBES

Otro paso importante en el ciclo del agua ocurre a medida que el vapor de agua se eleva de la superficie. Comienza a enfriarse y a transformarse en líquido, lo llamamos *condensación*. Las moléculas de agua se mezclan con el polvo y otras **partículas** del aire para formar nubes.

SI QUIERES SABER MÁS

La niebla es otro ejemplo de condensación que podemos ver.

DE REGRESO AL SUELO

Las nubes, formadas por condensación, son la principal forma en que el agua atmosférica llega a la superficie terrestre. Esto sucede gracias a las precipitaciones: el agua se desprende de las nubes en forma de lluvia, granizo, nieve o aguanieve. La mayor parte de las precipitaciones del mundo son lluvias.

SI QUIERES SABER MÁS

A veces, la nieve y el hielo se convierten en vapor de agua sin pasar primero por el estado líquido. Esto se llama *sublimación*.

El agua que cae por las precipitaciones vuelve a entrar en el ciclo de varias maneras. Ciertas precipitaciones se evaporan de nuevo y regresan a la atmósfera. Gran parte fluye por tierra hacia las masas o cuerpos de agua, incluyendo océanos, ríos y lagos. Este proceso recibe el nombre de *escorrentía*.

SI QUIERES SABER MÁS

Cuando el agua fluye sobre basuras o campos que han sido **fertilizados**, la escorrentía puede propagar la contaminación.

ENTRA EN EL SUELO

El agua de la precipitación se **filtra** al suelo en ciertas ocasiones mediante el paso del ciclo del agua que se llama *infiltración*. La infiltración ayuda a rellenar los acuíferos, o las rocas subterráneas que contienen el agua que utilizamos con frecuencia.

SI QUIERES SABER MÁS

¡Algunos acuíferos son muy profundos y almacenan agua durante miles de años!

El agua que se ha infiltrado en el suelo puede simplemente fluir hacia arriba y convertirse en parte de un cuerpo o masa de agua, como un río o un lago. Otras veces es absorbida por las raíces de las plantas. ¡El agua que la planta no llegue a utilizar será liberada por ella en la transpiración!

SI QUIERES SABER MÁS

Cuando un acuífero se llena de agua subterránea, esta puede atravesar la superficie de la Tierra en forma de manantial.

SE ALMACENA

El agua almacenada en forma de hielo y glaciares no se mueve a través del ciclo del agua, como sucede en las aguas superficiales. ¡Tal vez permanezca congelada por mucho tiempo! Sin embargo, a medida que el **clima** de la Tierra cambia, este hielo se derrite y vuelve a unirse al ciclo del agua como parte de los océanos.

SI QUIERES SABER MÁS

Casi el 90 % del hielo de la Tierra se encuentra en la Antártida. El otro 10 % es parte de la capa de hielo de Groenlandia.

MOVIMIENTO GLOBAL

Las **corrientes** oceánicas desplazan mucha agua alrededor del mundo. Afectan enormemente al ciclo del agua, ya que trasladan, sin cesar, agua más caliente a las áreas más frías y agua más fría hacia las áreas más cálidas.

La corriente de Kuroshio, cerca de Japón, es la corriente más grande de todas.

SI QUIERES SABER MÁS

La corriente del Golfo, abajo, es una corriente importante que desplaza agua cálida del golfo de México hacia el este a través del océano Atlántico. ¡Se mueve tan rápido como un auto!

AGUAS CÁLIDAS

AGUAS FRÍAS

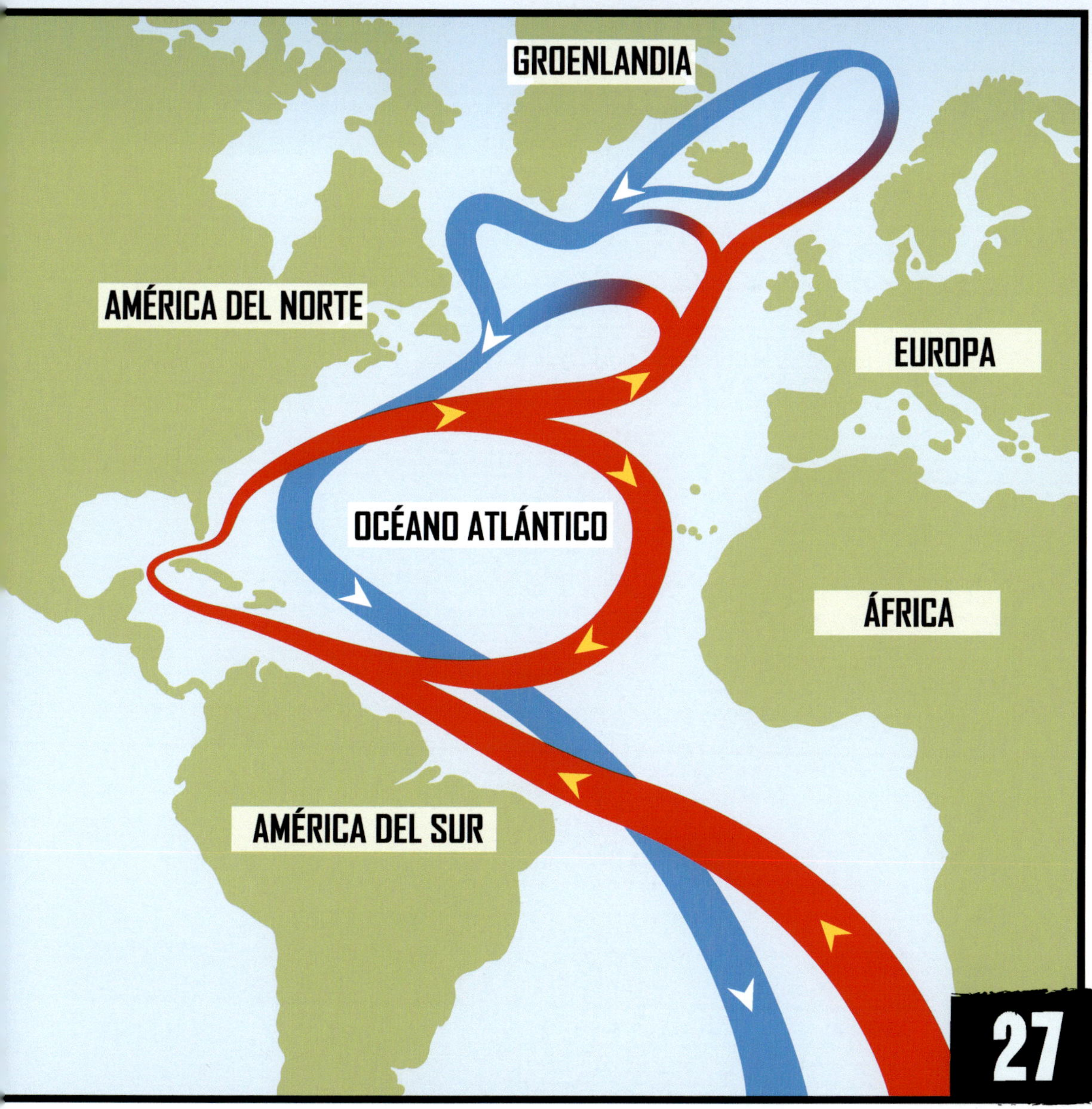

Es fácil ver el ciclo del agua en funcionamiento en un día lluvioso. Pero, incluso aunque no puedas verlo, ¡el agua se mueve a nuestro alrededor todo el tiempo!

En un día despejado, hay moléculas de agua —demasiado pequeñas para que las veamos— en el aire.

SI QUIERES SABER MÁS

¡Si toda el agua de la atmósfera terrestre lloviera sobre nosotros a la vez, solo alcanzaría 1 pulgada (2.5 cm) de profundidad en todo el mundo!

EL CICLO DEL AGUA

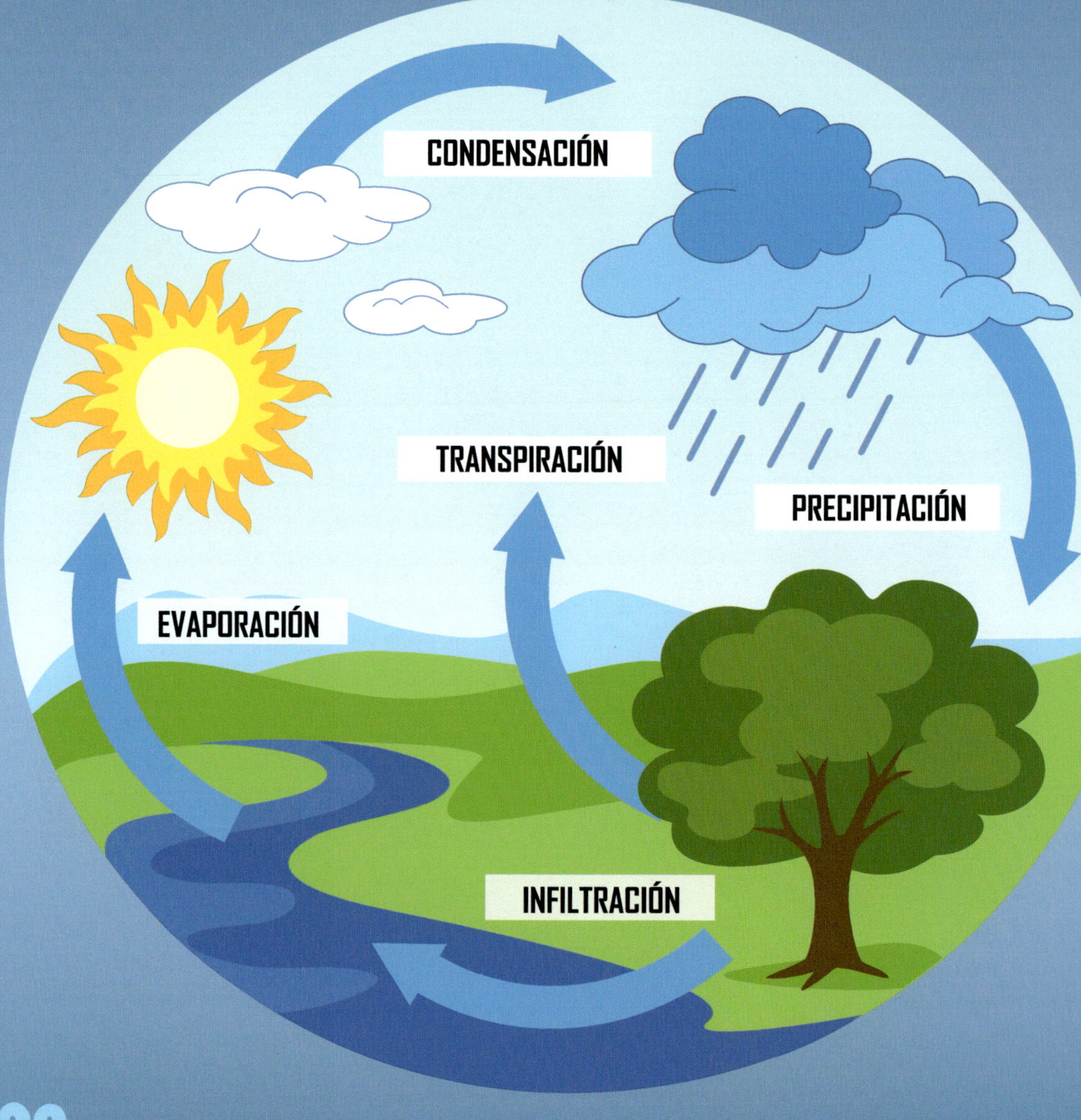

GLOSARIO

atmósfera: mezcla de gases que rodea un planeta.

ciclo: serie de eventos que se repiten.

clima: condiciones medioambientales medias de un lugar a lo largo de un determinado periodo.

corriente: movimiento continuo de agua o aire en el mismo sentido.

estoma: agujero diminuto en la parte inferior de la hoja vegetal. El plural es "estomas".

fertilizar: hacer que el suelo sea más apto para producir plantas añadiendo ciertas sustancias.

filtrar: entrar lentamente en algo a través de pequeñas aberturas.

glaciar: masa muy grande de hielo que se mueve lentamente hacia abajo por una pendiente o valle, o sobre un área amplia de terreno.

molécula: pedazo muy pequeño de materia.

partícula: fragmento minúsculo de algo.

PARA MÁS INFORMACIÓN

LIBROS

Berne, Emma Carlson. *From River to Raindrop: The Water Cycle*. Minneapolis, MN: Lerner Publications, 2018.

Bradshaw, Aiden. *Freshwater Crisis*. New York, NY: PowerKids Press, 2018.

SITIOS DE INTERNET

Cycles of the Earth System
eo.ucar.edu/kids/green/cycles1.htm
Para saber más de otros ciclos naturales de la Tierra.

The Water Cycle!
www.natgeokids.com/uk/discover/science/nature/water-cycle/
Repasa el ciclo del agua en este sitio para niños.

Nota del editor para educadores y padres: nuestro personal especializado ha revisado cuidadosamente estos sitios web para asegurarse de que sean apropiados para los estudiantes. Muchos sitios web cambian con frecuencia, por lo que no podemos garantizar que posteriores contenidos que se suban a esas páginas cumplan con nuestros estándares de calidad y valor educativo. Tengan presente que se debe supervisar cuidadosamente a los estudiantes siempre que tengan acceso al Internet.

ÍNDICE